Felt & Embroidery Thread

フェルトと刺しゅう糸

フェルトは、20cm 角や 18cm 角の正方形にカットされたものを使います。1色1枚ずつで、1つのチャームが作れます。

刺しゅう糸は、一般的に売られている 25 番の糸を使います。これも1色につき1束で足ります。

Lucky Charm

幸運モチーフについて

人が思い入れたくなるものには、
気持ちを引きつけ、
想像をかきたてる魅力があります。
おもしろい形、名前の由来、言い伝え、宗教、その他いろいろ。
そんな人々の様々な想像から、お守りは生まれたんだと思います。

ラッキーとアンラッキー、
もののもつ意味はひとつとはかぎりません。
国や地域、考え方が変われば、
同じものでも解釈が真反対になることもあります。
ここに登場するラッキーアイテムも解釈のしかたのひとつ。
本書では、気持ちを盛り上げてくれる物語の主人公も加えました。

持っていると安心、なにかがうまくいく気がする、
幸運を呼んでくれそう・・・
あなたのお気に入りのラッキーアイテムを
この本の中からみつけてください。

How to Make
作り方はかんたん！

1

図案を
トレーシング
ペーパーに
写します

2

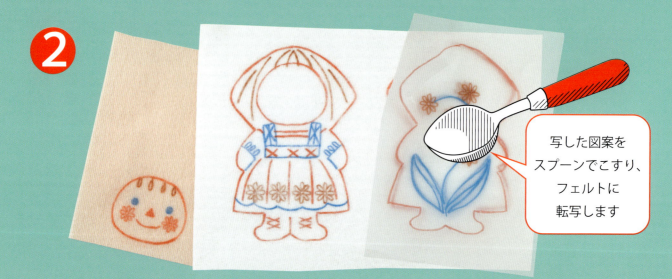

写した図案を
スプーンでこすり、
フェルトに
転写します

フェルトのお守り ラッキーチャーム

がなはようこ・辻岡ピギー：ピポン

文化出版局

Contents

作り方はかんたん！ P.04

作品ページ　写真は、ほぼ実物大です

ハイジ P.06	馬の蹄鉄 P.15	シカ P.24	ヤモリ P.33
エーデルワイス P.07	天使 P.16	ラビットフット P.25	コウモリ P.34
四つ葉のクローバー P.08	ベル P.17	煙突掃除屋さん P.26	スカル P.35
妖精 P.09	マトリョーシカ P.18	ウィッシュボーン P.27	ハリネズミ P.36
王冠 P.10	ダーラヘスト P.19	白雪姫 P.28	ウサギ P.37
赤いバラ P.11	てんとう虫 P.20	カエル P.29	フクロウ P.38
ハートのエース P.12	ミツバチ P.21	ノーム P.30	招きねこ P.39
ツバメ P.13	タツノオトシゴ P.22	ベニテングダケ P.31	金太郎 P.40
イカリ P.14	ウミガメ P.23	クモ P.32	だるまさん P.41

図案の写し方　P.42　　刺しゅうとパーツつけ　P.44　　切り抜く　P.45　　ひもつけ　P.46

ボディをかがる　P.46　　わたを詰める　P.46　　刺しゅうの刺し方　P.48

図案集　P.49～83

❸ フェルトを切り抜く前に、刺しゅうします

❹ フェルトを切り抜きます

❺ 回りを縫ってわたを詰めたら、出来上り

詳しい作り方は、P.42 からを見てください

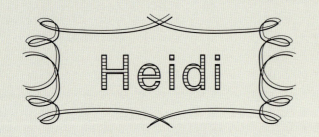

ハイジ
アルプスの野山を駆け回る元気な子。
優しく素直な女の子。
そんな、すてきな少女と
永遠に少女の心を失わない大人のために。
図案 P.50

Edelweiß

エーデルワイス

ドイツ語で「高貴な白」という意味を持つ花。
和名は、「西洋薄雪草」。
この花の白い綿毛は、フェルトの質感にぴったりです。
花言葉は、「大切な思い出」。
図案 P.51

四つ葉のクローバー
一生懸命探してもなかなか見つからないけれど、
4枚の葉は、「真実の愛」の象徴。
見つけた人に幸せをもたらす、かわいい葉っぱ。
図案　P.52

妖精
ちょっといたずら好きの
お天気や。
大切にしてあげると
幸運を運んできてくれる。
でも、気まぐれだから気をつけてね。
図案　P.53

王冠

王は、唯一無二の存在。
そして王冠は王であることの証。
国を支配する強い力、戦いの勝利、
力強い幸運のモチーフ。
図案　P.54

赤いバラ
花の中の女王。
花言葉は、
「情熱」「愛情」「熱烈な恋」「美」
鋭いとげを持つことから、魔よけの意味も。
図案　P.55

Ace of Hearts

ハートのエース

赤いハートは心臓を表わすマーク。
そこから、心・愛情・恋愛のシンボルになりました。
エースは、トランプの先頭数字。
だから、マーク最強の恋のカードです。
図案　P.56・57

Swallow

ツバメ
春を告げる鳥。
つがいで仲よくヒナを育てる姿から、
愛情のシンボルに。
ツバメが軒先に巣作りしたら、
お家に幸運がやってくるんですって。
図案　P.57

Anchor

イカリ

荒波の中でも、
船が移動しないように
しっかりとつなぎとめることから、
強い力と心の絆の象徴に。
過酷な船旅を守る
希望のシンボルでもあります。
図案　P.58

Horseshoe

馬の蹄鉄

ヨーロッパでは、幸福をもたらすもの、
魔よけのモチーフとして使われています。
蹄鉄のUの字形が幸運を集めて
貯めておいてくれるんだそうです。
図案　P.58・59

天使
翼を持つ、かわいい子どもの姿で、
天上にいる神様の言葉を
地上に伝える神の使い。
人々を幸福へと導いてくれます。
図案　P.59・60

ベル

教会の鐘は、
大切な時刻や
幸福の訪れを知らせます。
鐘の音色が、
不幸を追い払い
幸せを呼びよせます。
図案　P.60・61

Матрёшка

マトリョーシカ
ボディの中から小さな子どもが次々に出てくる、
素朴なロシアのお人形。
子宝と家族の健康や幸せを願う
ふくよかなお母さんのモチーフです。
図案　P.61

ダーラヘスト

スウェーデンのダーラナ地方の馬という意味。
木こりが子どもに作ってあげた木彫りの馬が原型。
馬は、森で暮らす人々に大切にされてきたので、
幸せを運ぶ幸運の象徴になりました。
図案　P.62

Ladybug

てんとう虫

いろいろな国で愛されている、
かわいいラッキーモチーフ。
てんとう虫が肩にとまると
幸せになれると言われています。
病気が治り、望みがかなうとも。
図案　P.63

ミツバチ

黄金色の蜜を集める働き者。
金運をもたらす虫。
美しく整列した立派な巣を作るので
家族の繁栄や蓄財などの
幸運の象徴でもあります。

図案　P.64・65

Sea Horse

タツノオトシゴ
不思議な容姿ですが、魚です。
龍に似たユニークな形から、
幸運モチーフに。
オスが卵を抱く、
魚の世界のイクメンです。
ペアの抱擁の姿が、
ハートの形に見えることから、
愛のシンボルとも言われています。
図案　P.65・66

ウミガメ

ハワイでは、海の守り神、
幸運を運ぶと言われています。
日本でも、カメは竜宮城へ導く希望の使い。
長寿を象徴する生き物でもあります。
図案　P.66・67

Deer

シカ

シカは神の使い。
神様がシカに乗って
やってきたという伝説も。
だから、神社にはシカがいるんです。
中国では、王のシンボル。
出世と繁栄のお守り動物です。

図案　P.68

Rabbit Foot

ラビットフット
欧米では、
不思議な力を宿すとされる
ウサギの後ろ足。
災難よけと幸運のお守り。
ほとんどのウサギは、
肉球がなく
足の裏も
ふわふわの毛で
おおわれています。
図案　P.67

Chimney Sweeper

煙突掃除屋さん

厳しい寒さのヨーロッパで、冬を快適に過ごせるのは、暖炉のおかげ。
だから、煙突掃除屋さんはとても大切な人＝家に幸せを運ぶ人。
煙突掃除屋さんに触って、すすをつけてもらうと幸せになれるそうです。

図案　P.69

Wishbone

ウィッシュボーン
V字形をした鶏の鎖骨。
二人で骨のそれぞれの端を持って引き合い、
折れた骨の長いほうを持っていたら、
願い事がかなうと言われています。
図案 P.70

Snow White

白雪姫
お姫様は、
いろいろ大変なことが
あっても、
すてきな王子様に助けられ、
最後は必ずハッピーに。
図案　P.71

カエル
西洋でも、東洋でも
幸せのシンボル。
神様の使い。
乾いた大地に雨を降らせ、
健康、富、愛をもたらす
お守り動物。
図案 P.49

ノーム
森の中で暮らす、トンガリ帽子をかぶった老人の姿の
小さな大地の精霊。
幸せを運んでくる、心優しい森の番人。
図案　P.72

Gnome

ベニテングダケ
毒きのこですが、実はラッキーシンボル。
森の中で
このかわいい真っ赤な傘を見つけた人は、
幸せになれるんですって。
図案 P.73

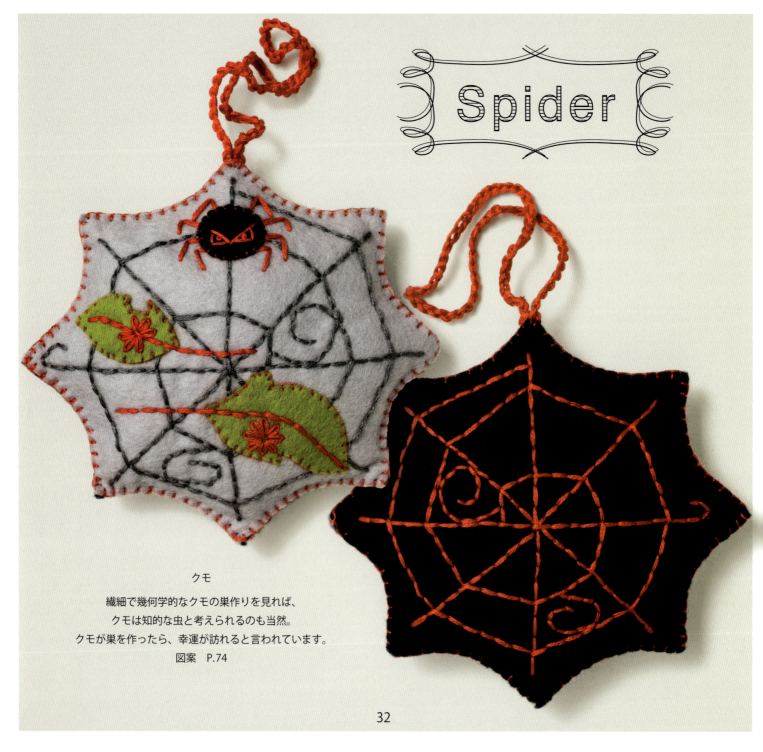

Spider

クモ

繊細で幾何学的なクモの巣作りを見れば、
クモは知的な虫と考えられるのも当然。
クモが巣を作ったら、幸運が訪れると言われています。
図案　P.74

ヤモリ

家の壁などにピタッとはりついているヤモリ。
よく見るとかわいい顔をしています。
漢字で書くと「家守」。
害虫を食べて家を守ってくれています。

図案 P.75・76

コウモリ
不吉なものに思われがちですが、
中国では、「蝙蝠」の
「蝠」と「福」の発音が
同音（fu）となることから
「福」をもたらす幸運のシンボルです。
図案　P.76

スカル

骸骨は、死をイメージさせる
恐ろしいものだけれど、
新たに生まれ変わる生命のシンボル。
パワーの象徴。
図案　P.77

Hedgehog

ハリネズミ

ヨーロッパでは、ポピュラーな
人家のそばに住む野生動物。
トゲトゲの愛らしい姿から、庭の番人。
出会うと幸せになれると言われて
大切にされています。
図案　P.78

Rabbit

ウサギ
愛すべき容姿。
ぴんと伸び、危険を察知する耳を持つこと。
ピョンピョンと跳ね回る俊敏さ。
たくさんの子どもを産むこと。
ウサギは、健康や繁栄をもたらす
ラッキーシンボルです。
図案　P.79

Owl

フクロウ
日本では、「不苦労」と書く
ラッキーアイテム。
闇の中で、静かに大きな目を
見開いた姿が表わすように、
知恵と哲学のシンボル。
図案　P.80

Welcoming Cat

招きねこ
右手（足）を上げていると、金運招き。
左手を上げていると、お客＝人招き。
と言われています。
上げる手を変えたいときは、
図案を反転に。
図案　P.81

Kintaro

金太郎
男の子の成長と健康を願う五月人形の定番。
たくましい男の子のための元気マーク。
赤い色に疾病よけの意味も込めて。
図案　P.82

だるまさん

家内安全、大願成就。
気合たっぷりに見開いた瞳で、
あなたを励まします。
七転び八起きでかんばって！
図案　P.83

図案の写し方 3種あります
やりやすい方法を選んでください。

図案は実物大です。
図案ページにトレーシングペーパーをのせてなぞります。
写した線を転写するので図案は反転してあります。

 図案

 トレーシングペーパー

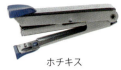 ホチキス

色鉛筆を使う
刺しゅう糸の色に合わせて、色が変えられるので便利。

本書では、ユニ アーテレーズカラー（三菱鉛筆）を使いました。紙に描いて、消しゴムで消せるタイプの色鉛筆です。

他の色鉛筆の場合
トレーシングペーパーに描いた線がフェルトにかすかにしか転写できないものもあります。試してから使ってください。水彩色鉛筆は、水でにじんでしまうので、向きません。

① 図案にトレーシングペーパーをのせ、色鉛筆でなぞる

図案
トレーシングペーパー

② トレーシングペーパーを裏返してフェルトにのせ、転写する

ホチキスで図案の外側をとめる

スプーンでしっかりこする

写し上り

色鉛筆は、フェルトより濃い色を使うと見やすい

こすると落ちやすいので、気をつける

★濃い色のフェルトの場合は、淡い色の色鉛筆を使う

トレーシングペーパー

写し上り

鉛筆を使う

淡い色のフェルトの場合は、鉛筆でも色鉛筆と同じ方法で図案を転写できます。
写し上がったフェルトの線は、こすると汚れやすいです。図案はHからHBの鉛筆を使い、細めの線で写します。

❶ 図案にトレーシングペーパーをのせ、鉛筆でなぞる

❷ トレーシングペーパーを裏返してフェルトにのせ、転写する

（ホチキスで図案の外側をとめる／スプーンでしっかりこする）

（写し上り）

手芸用の複写紙を使う

フェルトの色を問わず使えます。図案は反転してあるので、トレースしてから使います。

手芸用の複写紙（片面）

❶ 図案にトレーシングペーパーをのせ、鉛筆でなぞる

❷ 図の順に重ねる

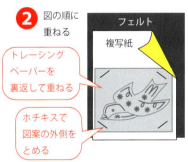

（トレーシングペーパーを裏返して重ねる／ホチキスで図案の外側をとめる）

（クリアフォルダーにはさむ）

❸ ボールペンで図案をなぞる

（クリアフォルダーに跡が残るくらい、強くしっかりなぞる）

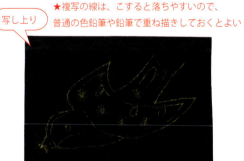

（写し上り）

★複写の線は、こすると落ちやすいので、普通の色鉛筆や鉛筆で重ね描きしておくとよい

刺しゅうとパーツつけ
刺しゅうの刺し方は P.48

25番 刺しゅう糸

刺しゅう針　スティックのり

❶ 刺しゅうする
フェルトを切り抜く前に、パーツや本体にそれぞれ刺しゅうする。切り抜いて使うので、刺しゅうが輪郭の外側にはみ出ないように刺す

本体正面（表）
- 刺しゅうの刺し上り
- パーツをつける箇所は、パーツをはってから刺す
- 刺しゅうがはみ出ないように刺す

本体正面（裏）
- 刺し始めと終りは、玉を作る

わたを入れたときにしわができないよう、刺しゅう糸は、部分ごとにそれぞれ刺し始めと終りに玉止めをし、切る

❷ パーツを輪郭線で切り抜き、裏にスティックのりを塗る

パーツをはる

❸ 縫いとめる

たてまつりする

たてまつり
刺しゅう糸1本どり。刺しゅう針を使う

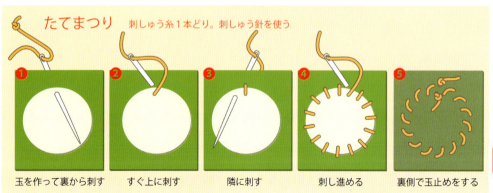

❶ 玉を作って裏から刺す　❷ すぐ上に刺す　❸ 隣に刺す　❹ 刺し進める　❺ 裏側で玉止めをする

❹ パーツにまたがる部分に刺しゅうする

パーツの縁にバック・ステッチ

刺しゅうを入れるパーツの場合

① 先に刺しゅうしてから切り抜き、本体にはる

② たてまつりし、パーツにまたがる部分に刺しゅうする

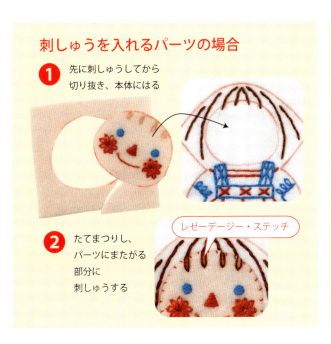

レゼーデージー・ステッチ

本体の輪郭と重なるパーツの場合

① パーツを、本体にはる。輪郭線以外をたてまつりする

輪郭線からはみ出ないように縫う

② 輪郭線にそって切り抜く

③ 輪郭は、本体正面と背面を合わせてから、かがる

パーツ、本体正面と背面の3枚を一緒にブランケット・ステッチでかがる

切り抜く

刺しゅうの糸や玉止めを切らないように気をつけます。

先のとがった小さめのハサミが使いやすい

① 輪郭線にそって切る

② 凹んだ角は、両側から切るときれいに切り抜ける

切り抜きの完成

ひもつけ

ひもは、刺しゅう糸を鎖編みして作りましたが、市販のひもでも大丈夫です。

25番 刺しゅう糸
3/0号 かぎ針

手芸用接着剤

ひもを編む

刺しゅう糸6本どりで鎖編みする。ひもの長さは約18〜20cm。モチーフの大きさやバッグの持ち手の幅等も考慮して加減する

ひもの端を玉結びし、背面側のフェルトの裏に、ようじで少量の接着剤を塗ってはる

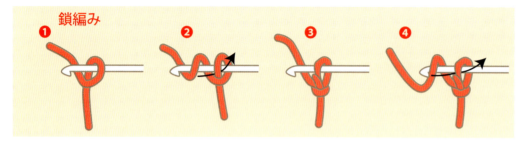

ボディをかがる
わたを詰める

25番 刺しゅう糸
まち針　刺しゅう針

手芸わた

❶ 本体正面と背面をそろえてまち針でとめる。
図案を参照し、わた入れ口を残してブランケット・ステッチでかがる

わた入れ口　　刺し始め

ブランケット・ステッチ（刺し始め）　刺しゅう糸2本どり。刺しゅう針を使う

玉結びし、重ねたフェルトの内側から針を出す

隣に針を入れ、反対側へ出す。糸をかける。これを繰り返し刺し進める

※ 写真は、見やすいように4本どりで刺しています

刺しゅうの刺し方

刺しゅう糸の準備

25番刺しゅう糸は、6本の糸を束ねてかせになっています。

刺しゅうに使う
かせがからまないように気をつけ、必要な長さ分を切る。束から糸を抜き、そろえてから針に通す

ひもに使う
6本のまま鎖編みし、必要な長さまで編んで切る

刺し方　　　　　　　　　　　　　　　　　　　　　　　　　　　刺し上り（実物大）

バック・ステッチ

❶ 3出　2入　1出　　❷ 4入　3出　　❸ 5出　4　3　　❹

2本どり

4本どり

フレンチノット・ステッチ

2回巻き

❶ 1から針を出し、2回糸を巻く　1出
❷ 2入　1　1のそばに針を刺す
❸ 糸を引きながら針を裏に出す
4回巻きは、❶で針に糸を4回巻きつける　2入　1

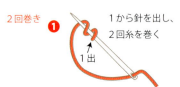

2本どり、2回巻き

2本どり、4回巻き

サテン・ステッチ

❶ 1出　2入　　❷ 3　5出　4入　　❸

 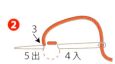  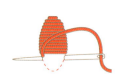

4本どり

レゼーデージー・ステッチ

❶ 3出　2入　1出　　❷ 4入　　❸ 5　6入　7出　　❹ 対角に刺し進める　　❺

   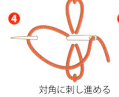 

2本どり

図案集　実物大　反転してあります

写すときは
太線・細線がありますが、同じ線でなぞります。

ひもつけ位置や
わた入れ口は、写さずに、それぞれの工程で図案にのせて確認します。

刺しゅうは、図案を見て
刺し方を選びます。作品ページも参考にしてください。

フェルトや刺しゅう糸の色は、作品ページを見て選んでください。 図案中のフェルトの色は、図案をわかりやすくするためにしるしてあります。販売されているフェルトの色名ではありません。

刺しゅう図案の線

2本どりは、細線

4本どりは、太線

・ 2本どり、2回巻き

● 2本どり、4回巻き

4本どり

2本どり

カエル　P.29

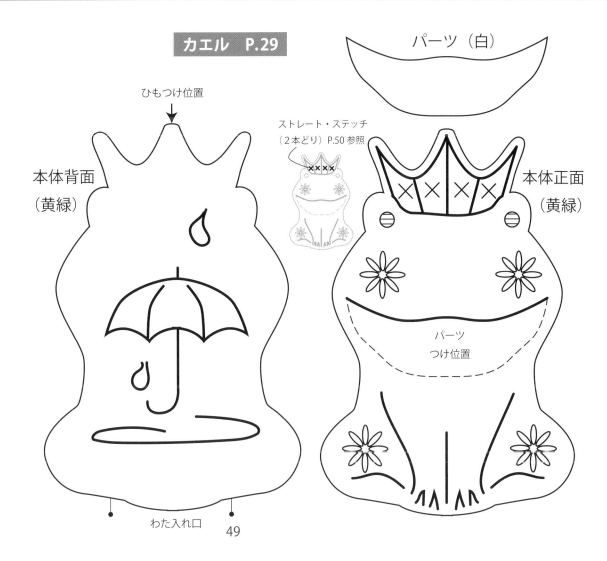

ハイジ P.06

① 本体正面・背面に刺しゅうする。
パーツは、②の太線部分を残し刺しゅうする

② パーツを切り抜き、本体正面に縫いつける。太線部分を刺しゅうする

③ 本体正面・背面を切り抜く。ひもをつけ、縫い合わせ、わたを入れてとじる

バック・ステッチ	
——	2本どり
——	4本どり

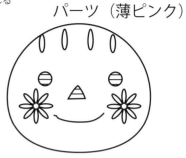

パーツ（薄ピンク）

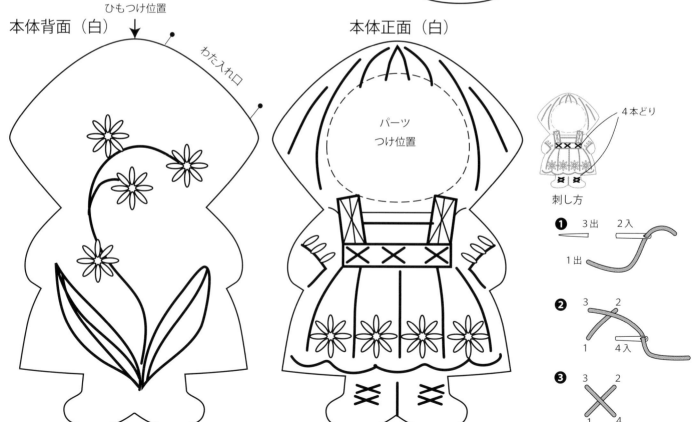

本体背面（白） ひもつけ位置 わた入れ口

本体正面（白） パーツつけ位置

刺し方

❶ 1出 2入 3出

❷ 1 2 3 4入

❸ 1 2 3 4

4本どり

サテン・ステッチ
4本どり

レゼーデージー・ステッチ
2本どり

エーデルワイス　P.07

① パーツと本体正面・背面に刺しゅうする

② パーツを切り抜き、本体正面に縫いつける

③ 本体正面・背面を切り抜く。ひもをつけ、縫い合わせ、わたを入れてとじる

パーツ（薄茶）

本体正面（白）

本体背面（水色）

ひもつけ位置

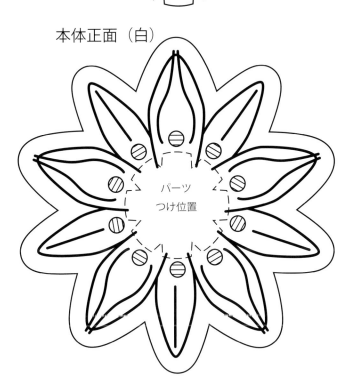

パーツつけ位置

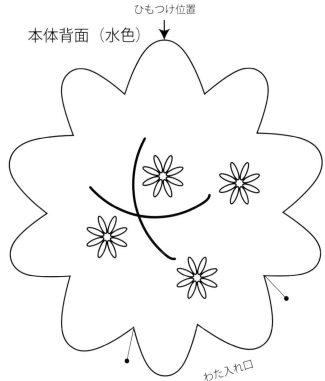

わた入れ口

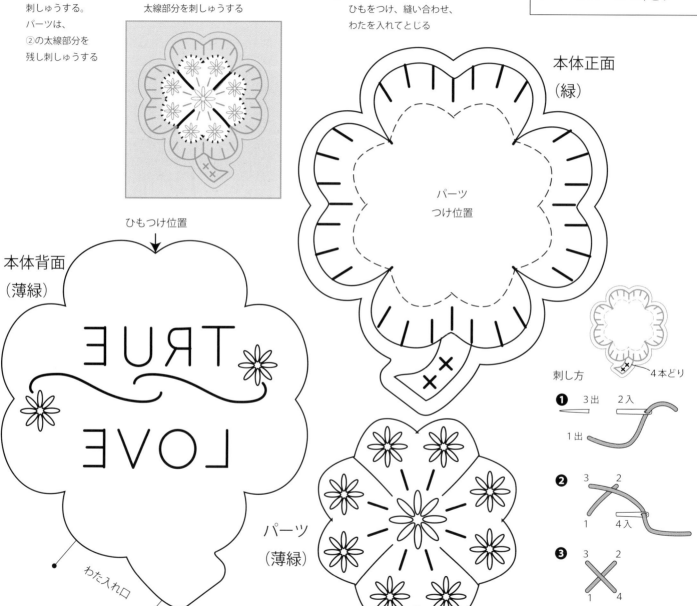

| サテン・ステッチ 4本どり | レゼーデージー・ステッチ 2本どり |

妖精　P.09

① 本体正面・背面に刺しゅうする。パーツは、②の太線部分を残し刺しゅうする

② パーツを切り抜き、本体正面に縫いつける。太線部分を刺しゅうする

③ 本体正面・背面を切り抜く。ひもをつけ、縫い合わせ、わたを入れてとじる

刺し方

❶ 1出　2入　3出
❷ 1　3　4入　5出
❸ 5　6入
❹ 1　2　3　4　5　6

2本どり

本体正面（ピンク）

本体背面（ピンク）

ひもつけ位置

パーツつけ位置

FAIRY

パーツ（薄ピンク）

わた入れ口

王冠 P.10

① 本体正面・背面に刺しゅうする。
　パーツは、②の太線部分を残し刺しゅうする

② パーツを切り抜き、本体正面にはる。
　輪郭線以外を縫いつける。
　太線部分を刺しゅうする

③ 本体正面・背面を切り抜く。
　ひもをつけ、縫い合わせ、わたを入れてとじる

バック・ステッチ	サテン・ステッチ	レゼーデージー・ステッチ
——— 2本どり	4本どり	2本どり
━━━ 4本どり		

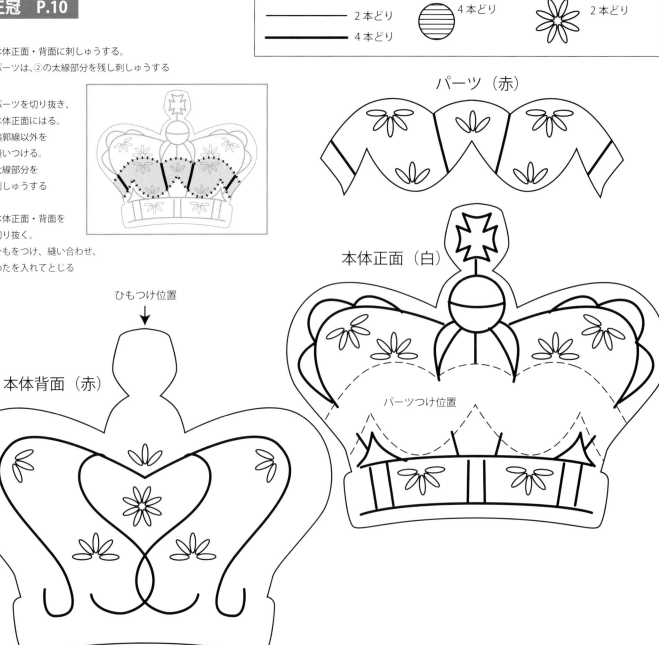

パーツ（赤）

本体正面（白）

パーツつけ位置

本体背面（赤）

ひもつけ位置

わた入れ口

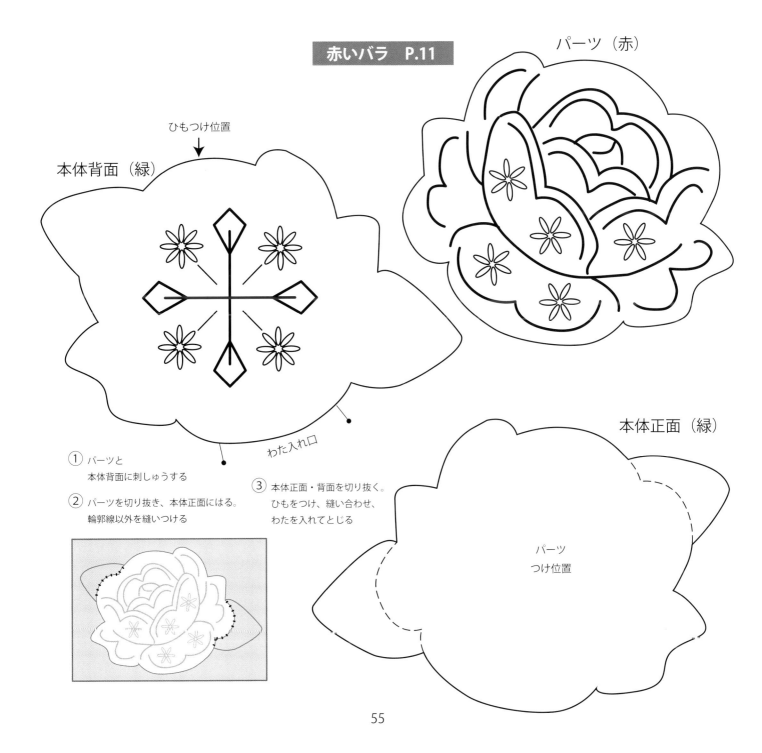

ハートのエース P.12

カード（白）

① ハート、カード、本体正面・背面に刺しゅうする。ハートを切り抜き、カードに縫いつける

② カードを切り抜き、本体正面にはる。輪郭線以外を縫いつける

③ 本体正面・背面を切り抜く。ひもをつけ、縫い合わせ、わたを入れてとじる

ハートつけ位置

本体正面（赤）

カードつけ位置

本体背面（赤） ↓ひもつけ位置

わた入れ口

4本どり

刺し方

ランニング・ステッチ

❶ 3出 2入 1

❷ 5出 4入 3

❸ 6 5 4 3 2 1

ハートのエース P.12

ツバメ P.13

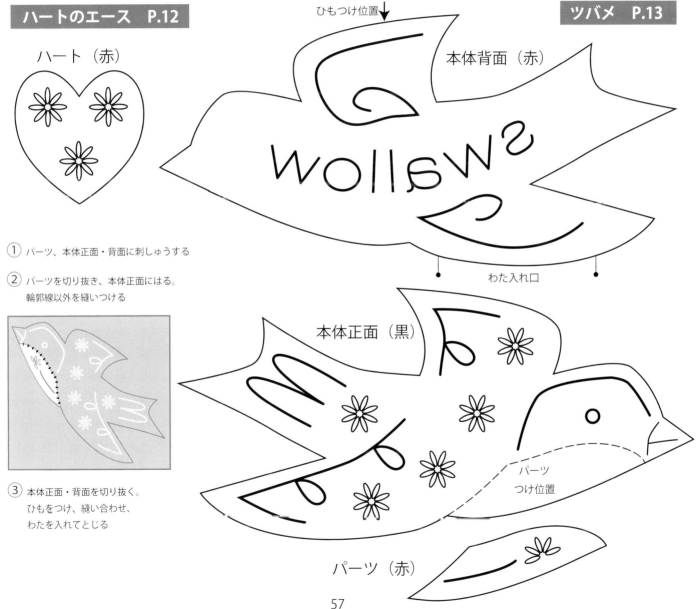

① パーツ、本体正面・背面に刺しゅうする

② パーツを切り抜き、本体正面にはる。
輪郭線以外を縫いつける

③ 本体正面・背面を切り抜く。
ひもをつけ、縫い合わせ、
わたを入れてとじる

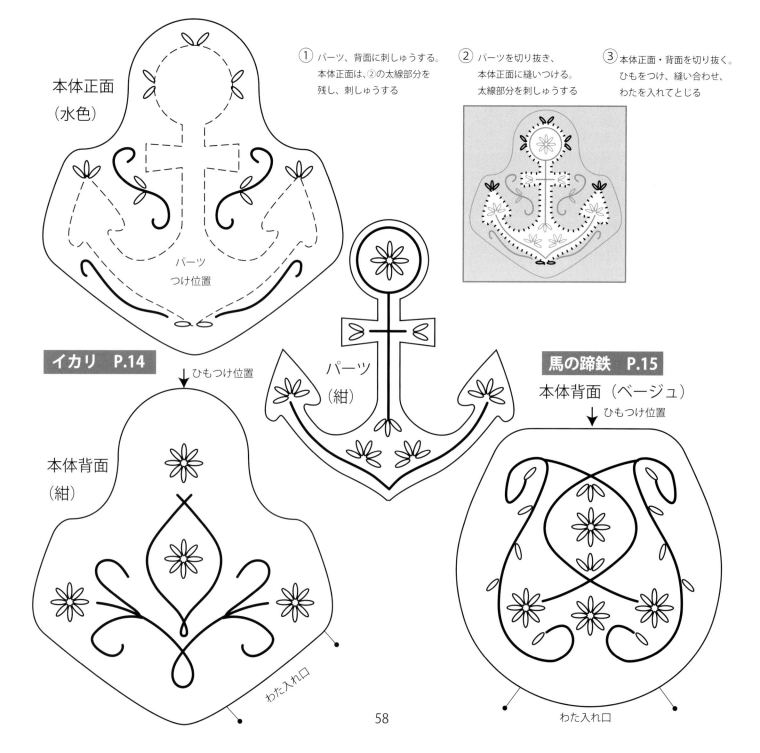

馬の蹄鉄　P.15

① パーツ、本体正面・背面に刺しゅうする
② パーツを切り抜き、本体正面に縫いつける

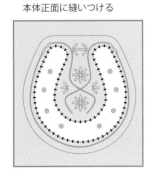

③ 本体正面・背面を切り抜く。ひもをつけ、縫い合わせ、わたを入れてとじる

バック・ステッチ　2本どり
バック・ステッチ　4本どり
サテン・ステッチ　4本どり
レゼーデージー・ステッチ　2本どり

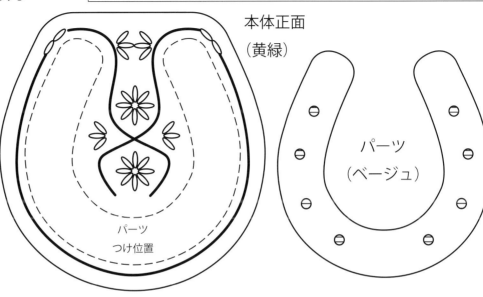

本体正面（黄緑）
パーツつけ位置
パーツ（ベージュ）

天使　P.16

2本どり
刺し方 P.53 参照

本体正面（水色）
パーツつけ位置
パーツ（薄ピンク）

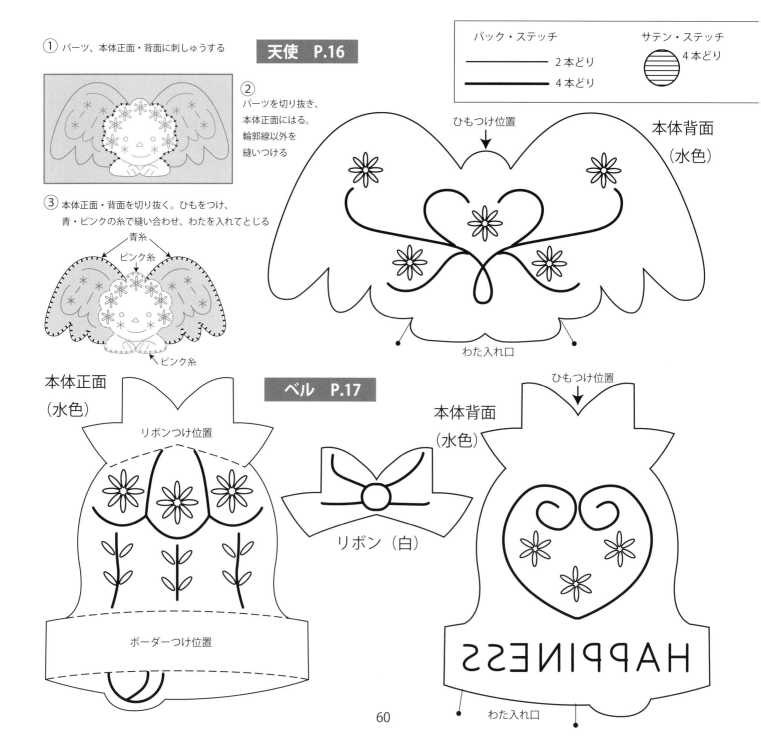

ベル P.17

ボーダー（白）

① リボン、本体正面・背面に刺しゅうする。
ボーダーは、②の太線部分を残し刺しゅうする

② リボン、ボーダーを切り抜き、本体正面にはる。
輪郭線以外を縫いつける。
太線部分を刺しゅうする

③ 本体正面・背面を切り抜く。
ひもをつけ、縫い合わせ、
わたを入れてとじる

マトリョーシカ P.18

① 本体正面・背面に刺しゅうする。
パーツは、②の太線部分を残し刺しゅうする

② パーツを切り抜き、
本体正面に縫いつける。
太線部分を刺しゅうする

③ 本体正面・背面を切り抜く。
ひもをつけ、縫い合わせ、
わたを入れてとじる

パーツ（薄ピンク）

フレンチノット・ステッチ
2回巻き（2本どり）

Матрёшка

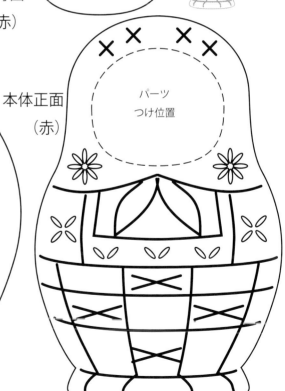

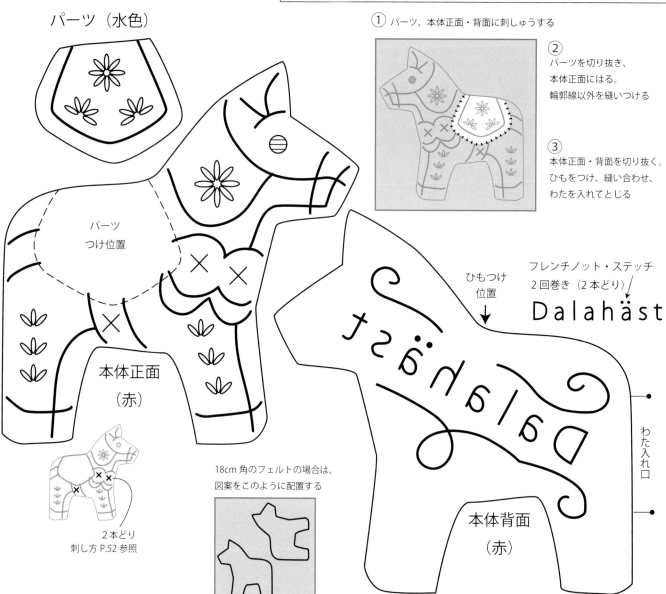

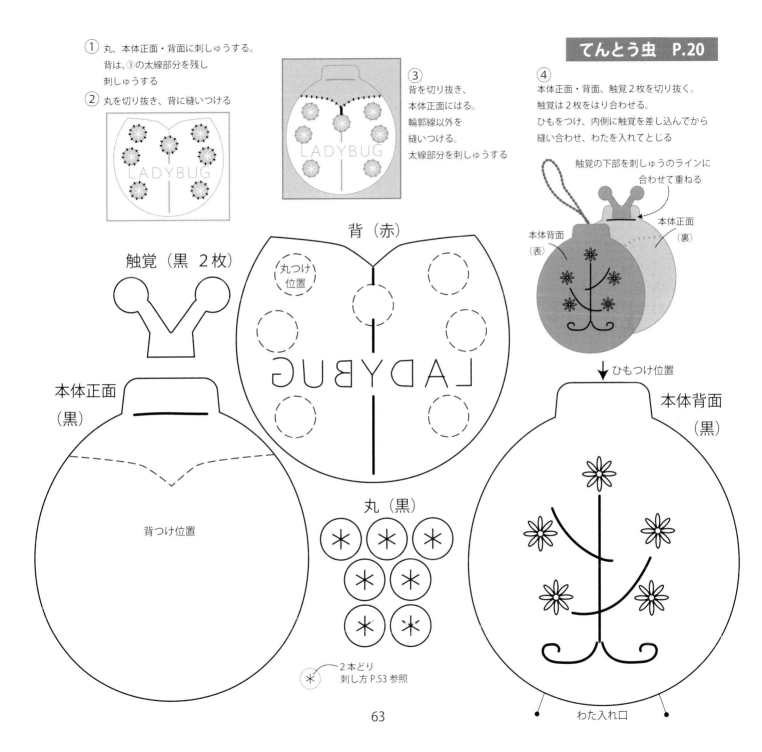

ミツバチ P.21

① ボディ、羽、本体正面・背面に刺しゅうする

② ボディを切り抜き、本体正面にはる。輪郭線以外を縫いつける

③ 羽を切り抜き、本体正面にはる。輪郭線以外を縫いつける

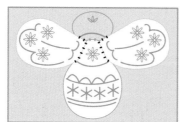

④ 本体正面・背面、触覚2枚、針2枚を切り抜く。触覚と針をそれぞれはり合わせる。ひもをつけ、触覚と針を内側に差し込んでから縫い合わせ、わたを入れてとじる

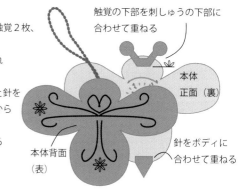

触覚の下部を刺しゅうの下部に合わせて重ねる

本体正面（裏）

本体背面（表）

針をボディに合わせて重ねる

刺し方　❶ 2本どりで刺す　❷ フレンチノット・ステッチ 2回巻き（2本どり）

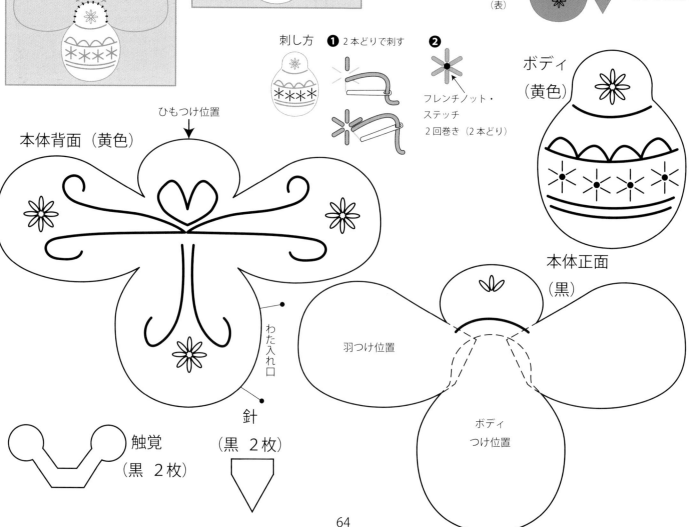

本体背面（黄色）
ひもつけ位置
わた入れ口

触覚（黒 2枚）

針（黒 2枚）

ボディ（黄色）

本体正面（黒）
羽つけ位置
ボディつけ位置

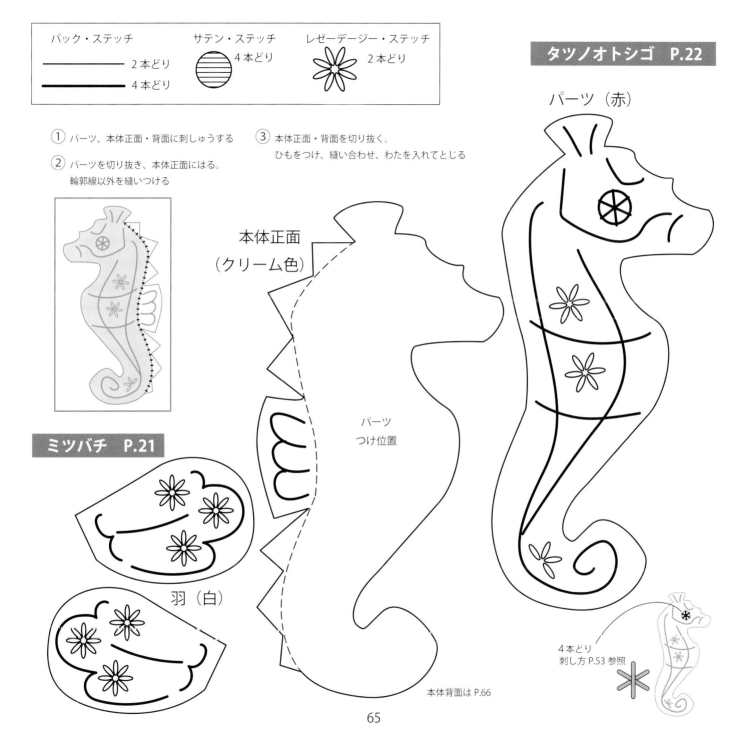

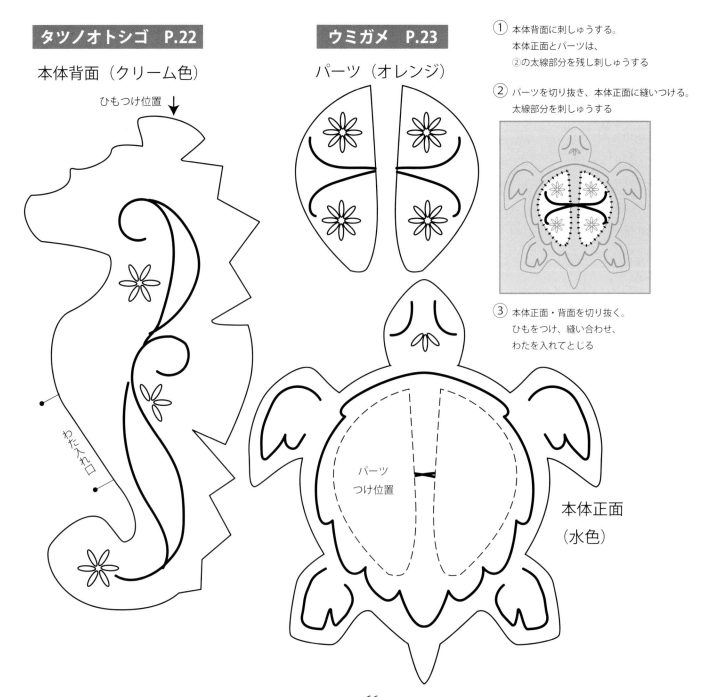

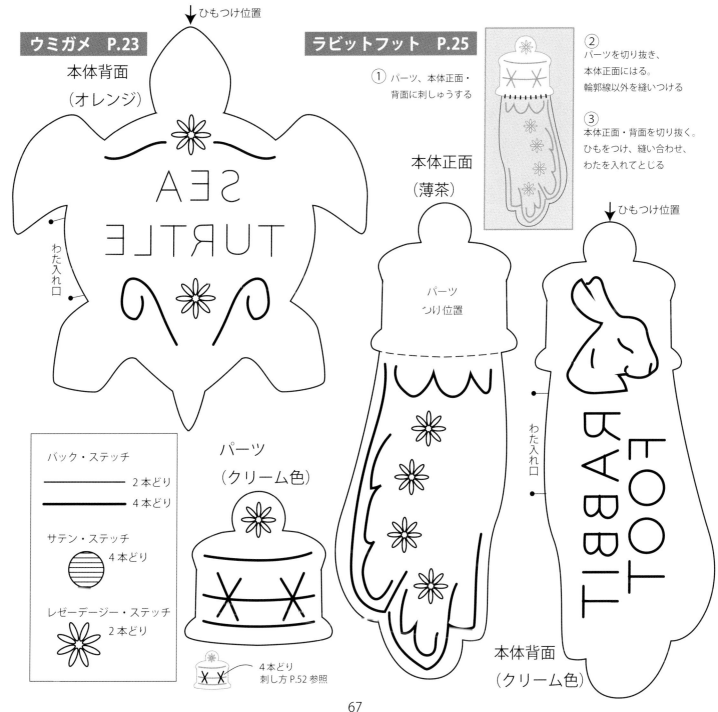

シカ　P.24

① パーツ、本体正面・背面に刺しゅうする

② パーツを切り抜き、本体正面にはる。輪郭線以外を縫いつける

③ 本体正面・背面を切り抜く。ひもをつけ、縫い合わせ、わたを入れてとじる

バック・ステッチ	
――	2本どり
━━	4本どり

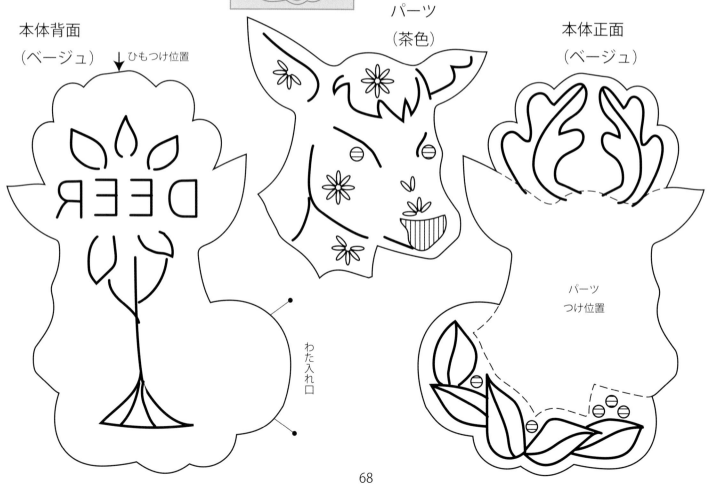

本体背面（ベージュ）
↓ひもつけ位置
わた入れ口

パーツ（茶色）

本体正面（ベージュ）
パーツつけ位置

| サテン・ステッチ 4本どり | レゼーデージー・ステッチ 2本どり |

煙突掃除屋さん　P.26

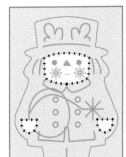

① 顔、本体正面・背面に刺しゅうする

② 顔、手を切り抜き、本体正面に縫いつける

③ 本体正面・背面を切り抜く。ひもをつけ、縫い合わせ、わたを入れてとじる

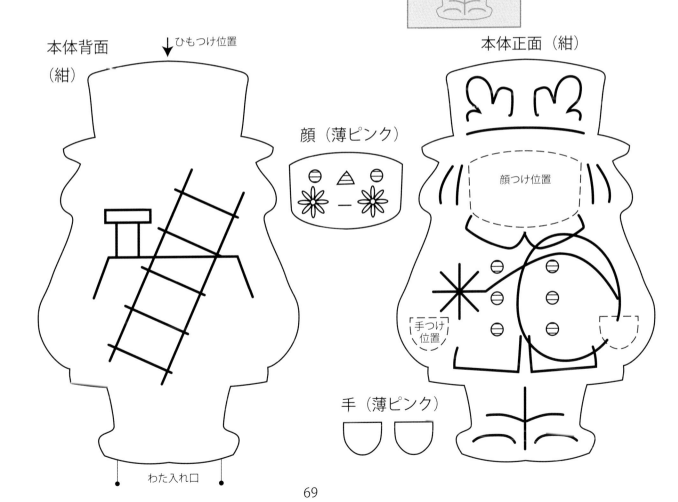

本体背面（紺）　↓ひもつけ位置

顔（薄ピンク）

本体正面（紺）

顔つけ位置

手つけ位置

手（薄ピンク）

わた入れ口

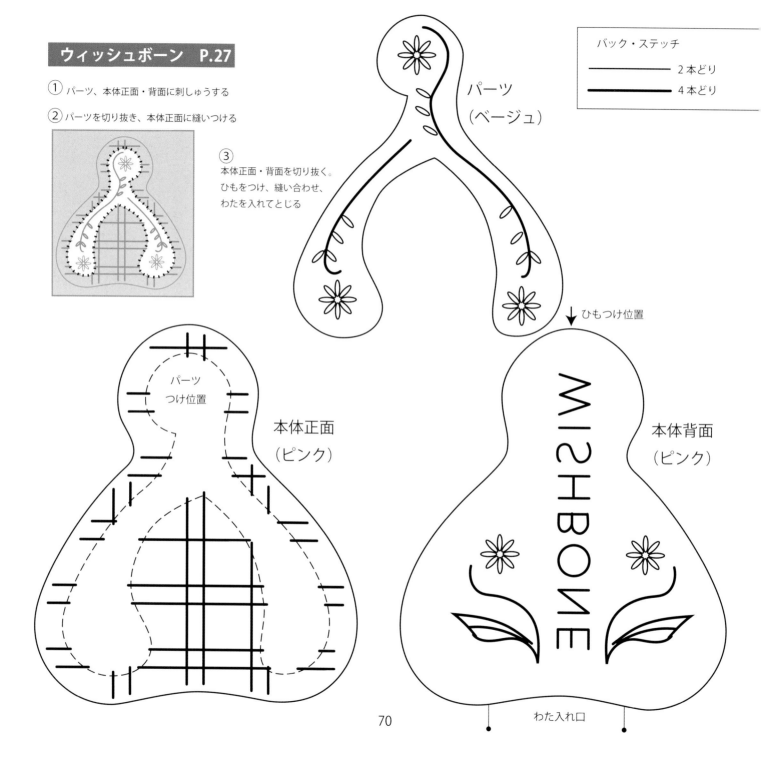

サテン・ステッチ 4本どり
レゼーデージー・ステッチ 2本どり

白雪姫 P.28

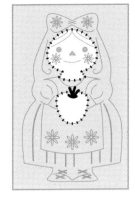

① 顔、本体背面に刺しゅうする。本体正面は、②の太線部分を残し刺しゅうする

② 顔、リンゴを切り抜き、本体正面に縫いつける。太線部分を刺しゅうする

③ 本体正面・背面を切り抜く。ひもをつけ、縫い合わせ、わたを入れてとじる

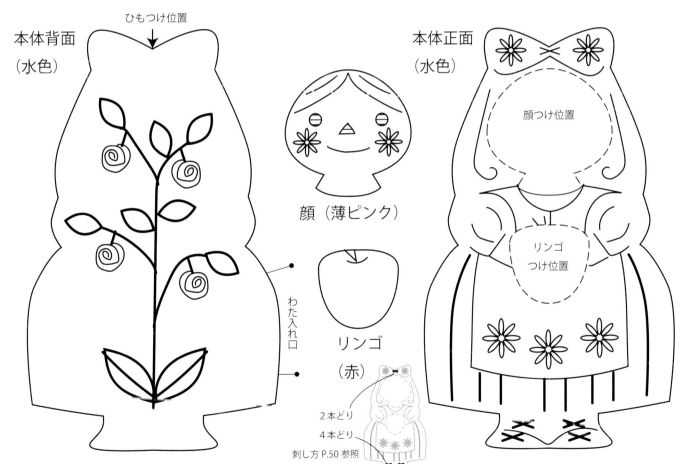

本体背面（水色）
ひもつけ位置
わた入れ口

顔（薄ピンク）

リンゴ（赤）

本体正面（水色）
顔つけ位置
リンゴつけ位置

2本どり
4本どり
刺し方 P.50 参照

ベニテングダケ P.31

① パーツ、本体正面・背面に刺しゅうする

② パーツを切り抜き、本体正面にはる。輪郭線以外を縫いつける

③ 本体正面・背面を切り抜く。ひもをつけ、縫い合わせ、わたを入れてとじる

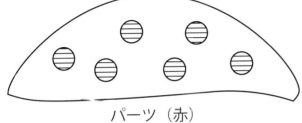

パーツ（赤）

本体正面（ベージュ）

本体背面（赤）

ひもつけ位置

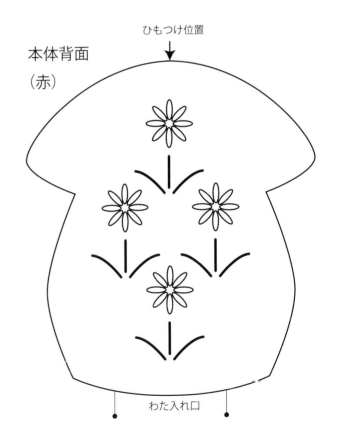

わた入れ口

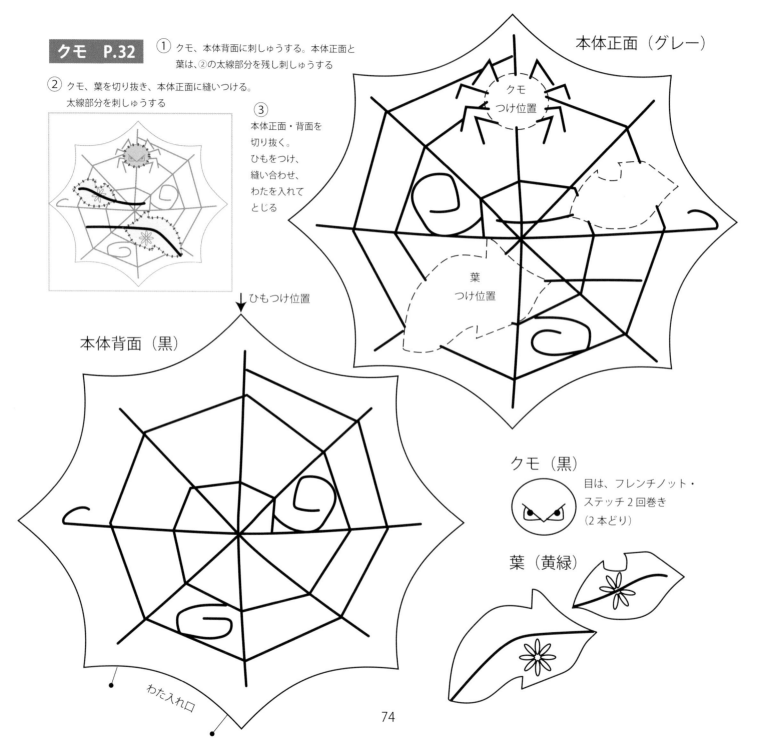

バック・ステッチ	サテン・ステッチ	レゼーデージー・ステッチ
――― 2本どり	⊖ 4本どり	✺ 2本どり
━━━ 4本どり		

ヤモリ P.33

① パーツ、本体正面・背面に刺しゅうする

② パーツを切り抜き、本体正面に縫いつける

③ 本体正面・背面を切り抜く。ひもをつけ、縫い合わせ、わたを入れてとじる

本体背面（グレー）

↓ひもつけ位置

わた入れ口

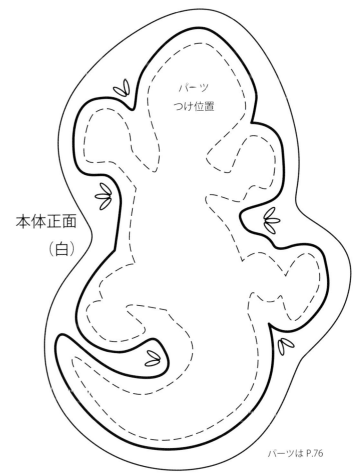

本体正面（白）

パーツつけ位置

パーツは P.76

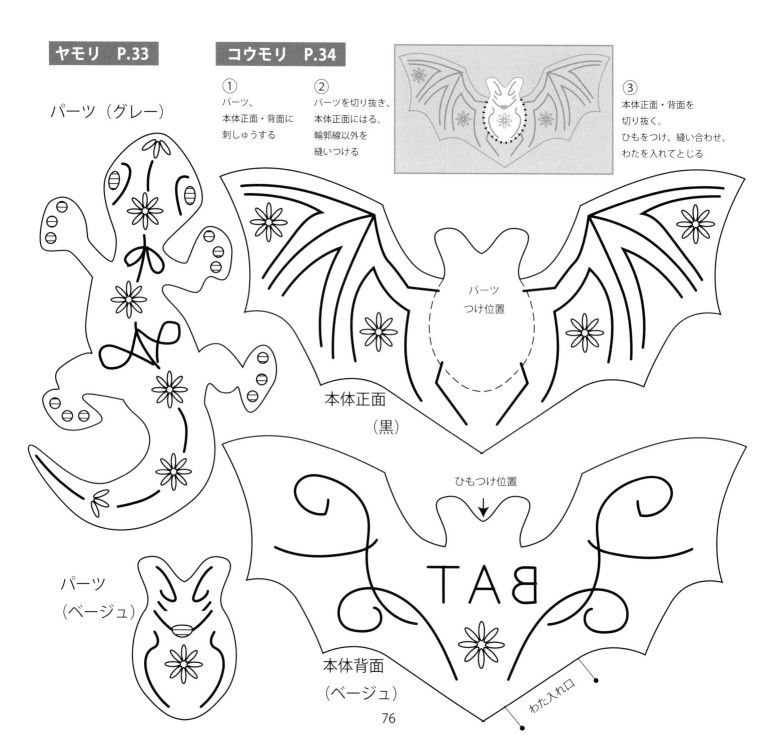

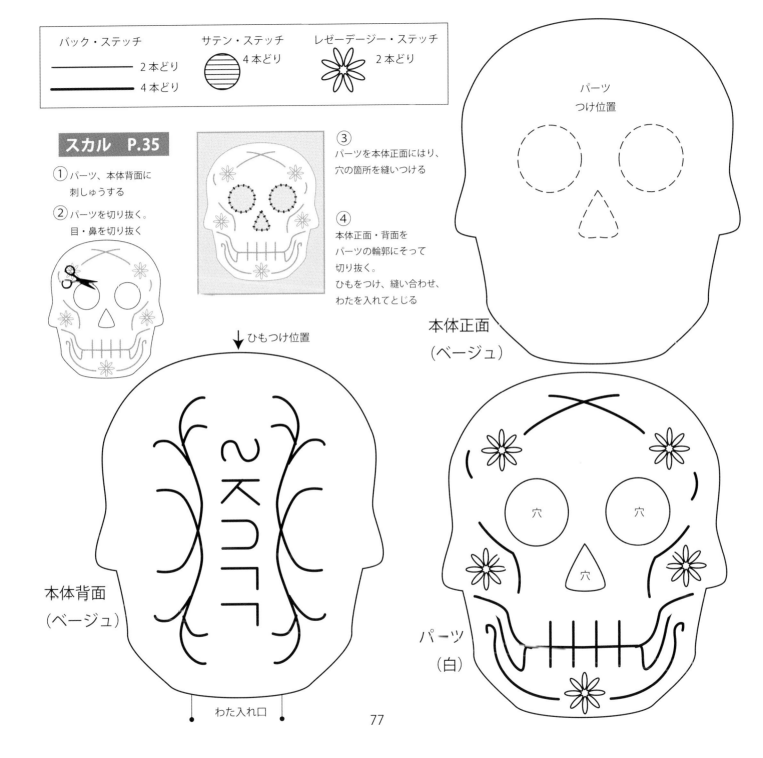

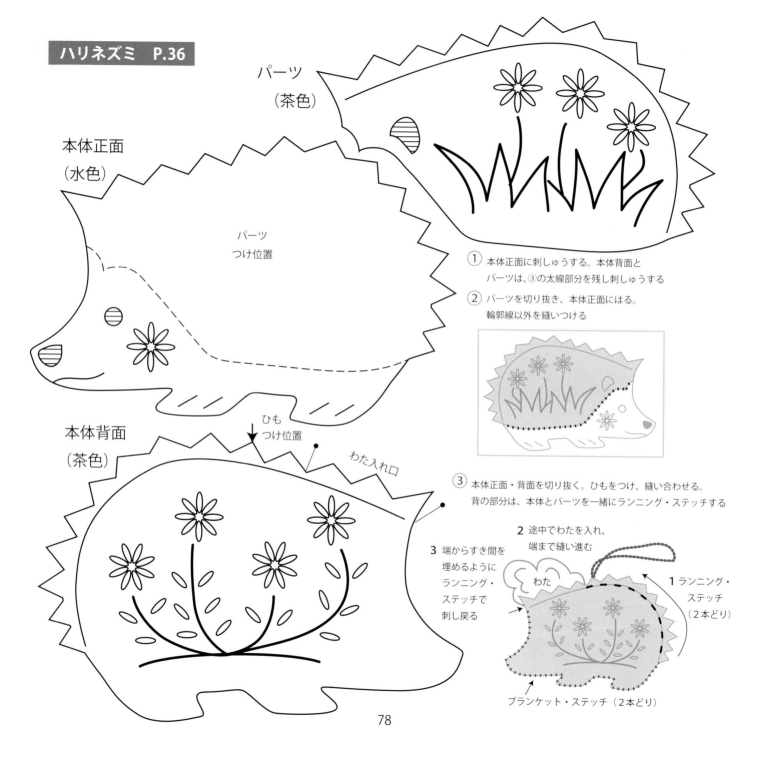

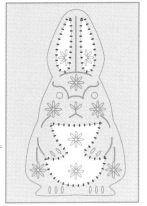

ウサギ P.37

① しっぽ、腹、耳、本体正面・背面に刺しゅうする

② 腹、耳を切り抜き、本体正面に縫いつける。しっぽを切り抜き、本体背面に縫いつける

③ 本体正面・背面を切り抜く。ひもをつけ、縫い合わせ、わたを入れてとじる

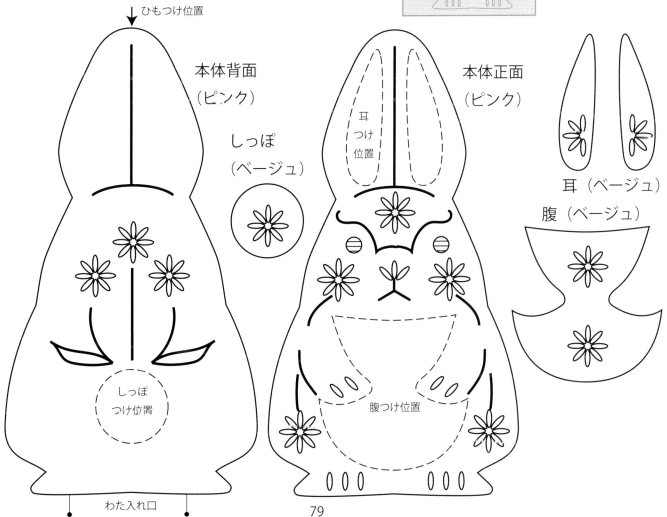

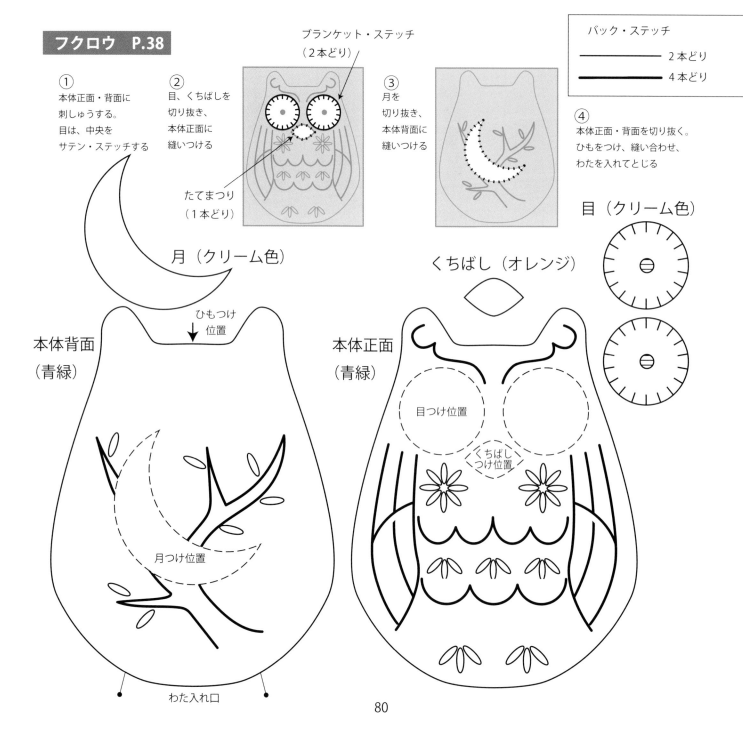

サテン・ステッチ	レゼーデージー・ステッチ
4本どり	2本どり

図案を反転する場合は、トレーシングペーパーに写した図案を裏返し、別のトレーシングペーパーを重ねて、もう一度なぞる

招きねこ　P.39

①
鈴と本体背面に刺しゅうする。
本体正面は、
②の太線部分を残し
刺しゅうする

②
鈴、頭を切り抜き、
本体正面にはる。
輪郭線以外を
縫いつける。
太線部分を
刺しゅうする

③
しっぽを切り抜き、
本体背面にはる。
輪郭線以外を
縫いつける

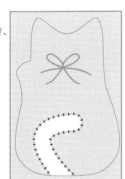

④
本体正面・背面を
切り抜く。
ひもをつけ、縫い合わせ、
わたを入れてとじる

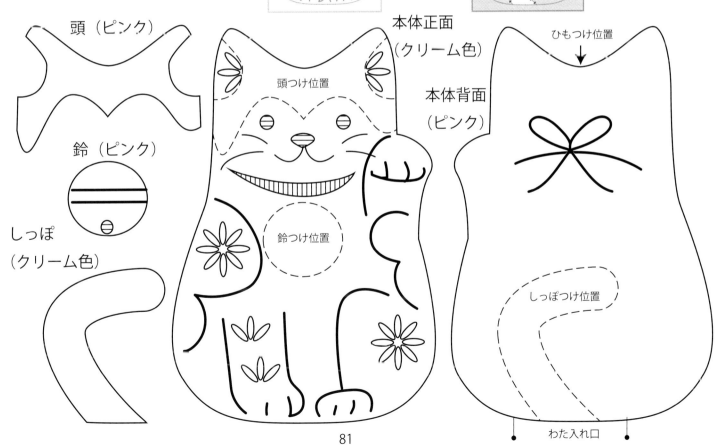

頭（ピンク）

鈴（ピンク）

しっぽ
（クリーム色）

本体正面
（クリーム色）

頭つけ位置

鈴つけ位置

本体背面
（ピンク）

ひもつけ位置

しっぽつけ位置

わた入れ口

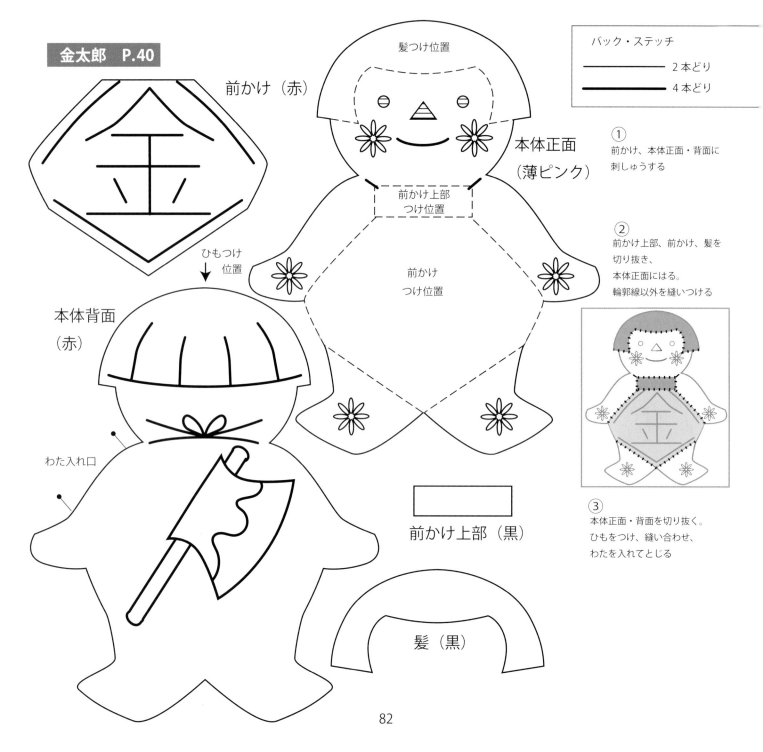

| サテン・ステッチ 4本どり | レゼデージー・ステッチ 2本どり |

だるまさん　P.41

パーツ（白）

① パーツ、本体正面・背面に刺しゅうする

② パーツを切り抜き、本体正面に縫いつける

③ 本体正面・背面を切り抜く。ひもをつけ、縫い合わせ、わたを入れてとじる

ひもつけ位置 ↓

本体背面（赤）

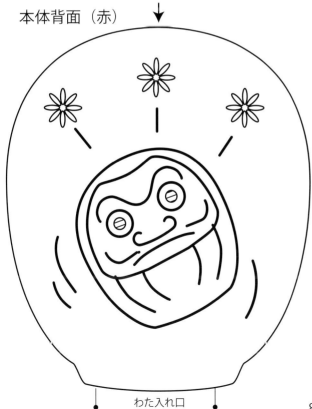

わた入れ口

本体正面（赤）

パーツつけ位置

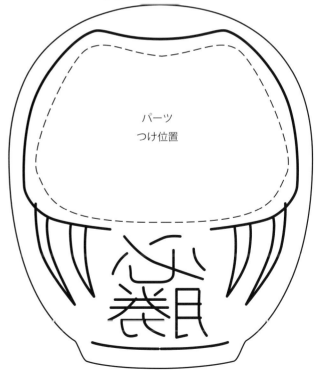

83

がなはようこ・辻岡ピギー：ピポン
http://www.sigma-pig.com/

ピポン
がなはようこ・辻岡ピギーのアート、クラフト作品製作のユニット。
商品プランニング、ブックデザイン、イラスト、
染色、オブジェ製作、ディスプレイ等において、
オリジナリティあふれる、ユニークな活動を展開している。

『ピポンの本』
『フェルトの福づくし チャームとお守り袋』『ボールペンで塗り絵 パリの旅』
『作るのカンタン 平らなワンコ服 12か月』
『着せるとカワイイ 平らなワンコ服 30着』文化出版局、
『ボールペンでイラスト』『和の切り紙』飛鳥新社、
『きりぬく仕掛けカードの本』ビー・エヌ・エヌ新社、
『エコペーパー雑貨』池田書店、『消しゴムで和のはんこ』角川マガジンズ、
『ヌメ革クラフト ハンドブック』グラフィック社、ほか多数。
ぜひ、ホームページをご覧ください。

作品製作
黒川久美子
色鉛筆でフェルトに図案を写す方法を発案。
美しい作品を製作。

Staff
ブックデザイン　がなはようこ
カメラマン　安田如水（文化出版局）
協力　酒井惠美（エムズ・プランニング）
　　　六角久子
校閲　向井雅子
編集　平井典枝（文化出版局）

提供
サンフェルト　　http://www.sunfelt.co.jp
〒111-0042　東京都台東区寿 2-1-4　tel.03-3842-5562

ディー・エム・シー（DMC 刺しゅう糸）　http://www.dmc.com
〒101-0035　東京都千代田区神田紺屋町 13 山東ビル 7F　tel.03-5296-7831

三菱鉛筆　　http://www.mpuni.co.jp
〒140-8537　東京都品川区東大井 5-23-37　お客様相談室　tel.0120-321433

フェルトのお守り
ラッキーチャーム

2016年10月30日　第1刷発行
2019年11月7日　第6刷発行
著　者　がなはようこ・辻岡ピギー：ピポン
発行者　濱田勝宏
発行所　学校法人文化学園 文化出版局
　　　　〒151-8524　東京都渋谷区代々木3-22-1
　　　　tel.03-3299-2489（編集）
　　　　tel.03-3299-2540（営業）
印刷・製本所　株式会社文化カラー印刷
©ピポン有限会社 2016 Printed in Japan
本書の写真、カット及び内容の無断転載を禁じます。

・本書のコピー、スキャン、デジタル化等の無断複製は著作権法上での
例外を除き、禁じられています。本書を代行業者等の第三者に依頼して
スキャンやデジタル化することは、たとえ個人や家庭内でも著作権法
違反になります。

・本書でご紹介した作品の全部または一部を商品化、複製頒布、及び
コンクールなどの応募作品として出品することは禁じられています。

・撮影状況や印刷により、作品の色は実物と多少異なる場合があります。
ご了承ください。

文化出版局のホームページ　http://books.bunka.ac.jp/